Goodword

Arabic Writing

Book 3

M. Harun Rashid

GOODWORD

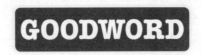

Illustrated by Gurmeet
Published in 2016
© Goodword Books 2016

Goodword Books
A-21, Sector 4, Noida-201301, India
Tel. +91-8588822672, +91120-4314871
email: info@goodwordbooks.com
www.goodwordbooks.com

Printed in India

هذا هذا هذا هذا هذا

هذه هذه هذه هذه هذه

ذلك ذلك ذلك ذلك ذلك

تلك تلك تلك تلك تلك

كتاب كتاب كتاب كتاب

قلم قلم قلم قلم

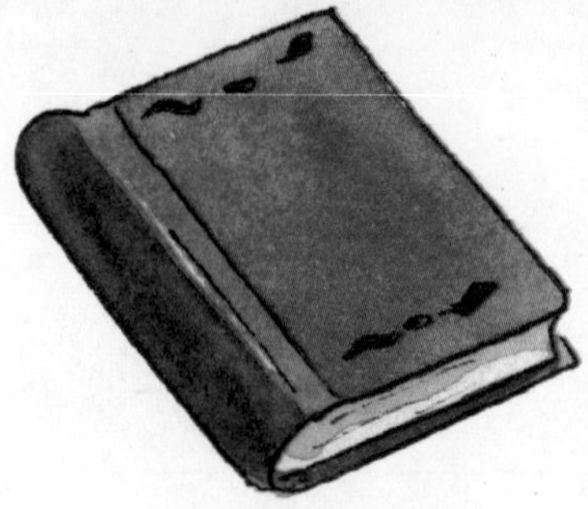

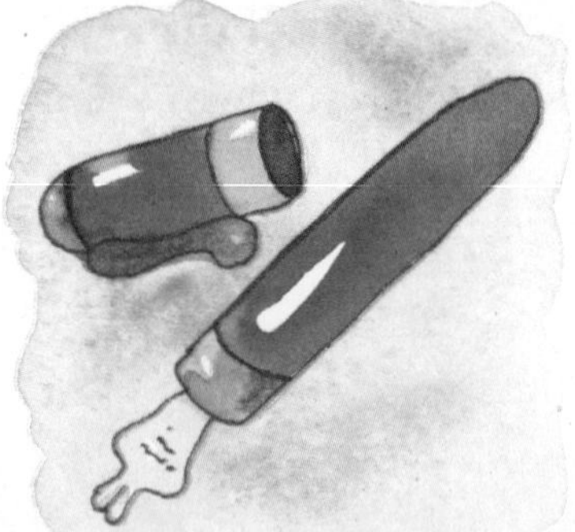

قطة قطة قطة قطة

طير طير طير طير

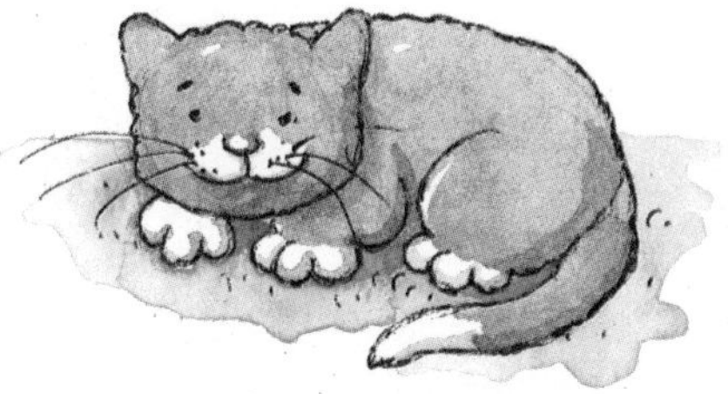

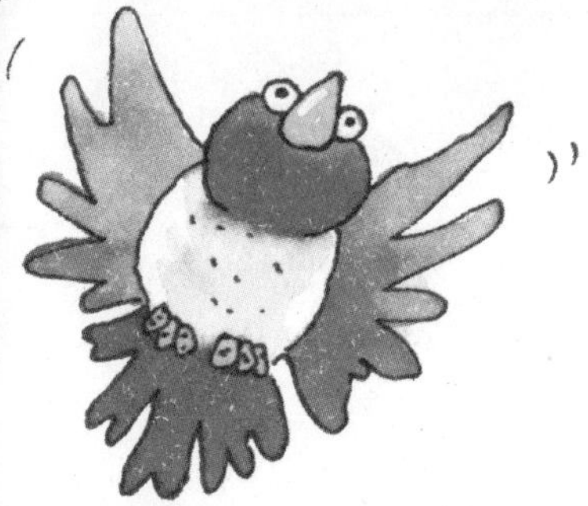

هذا بيت

هذا بيت

هذا مسجد

هذا مسجد

هذا طير

هذا طير

هذا كلب

هذا كلب

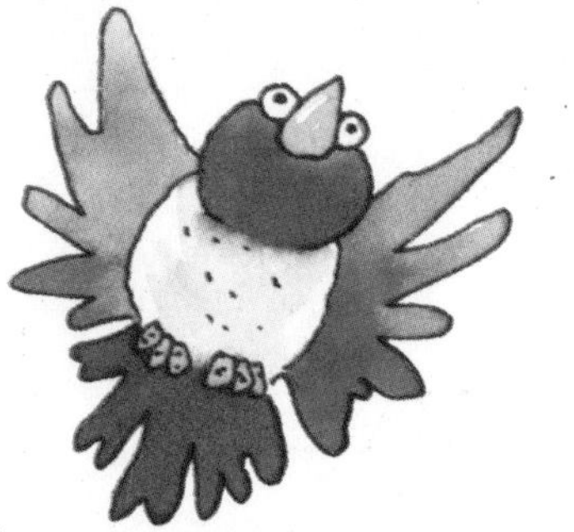

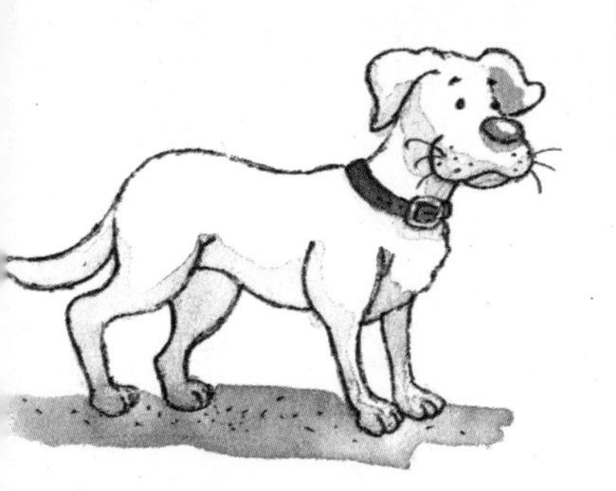

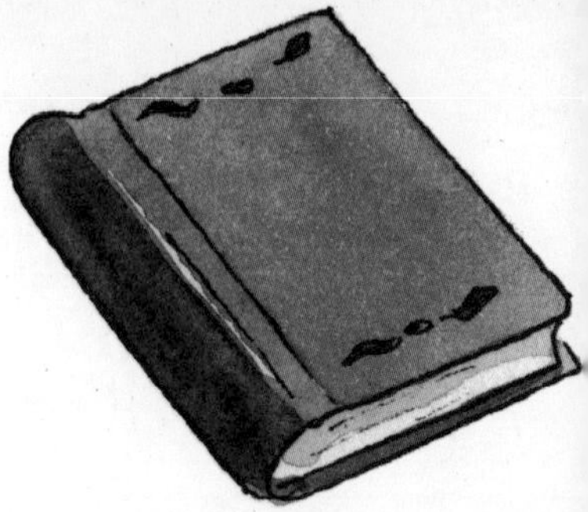

هذا كتاب

هـــذا كتــاب

هذا قلم

هـــذا قلـــم

9

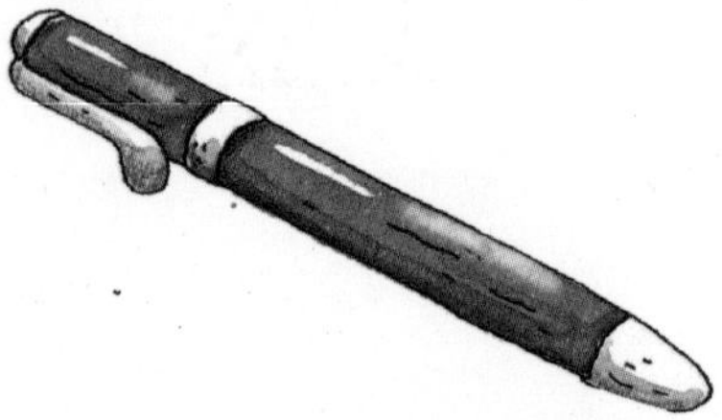

هذا طفل

هذا طفل

هذا رجل

هذا رجل

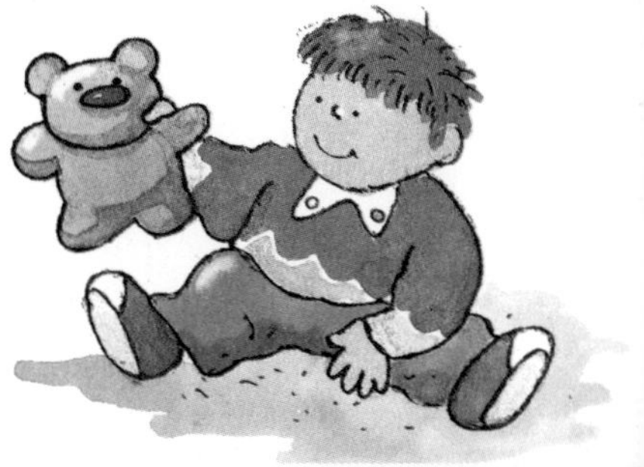

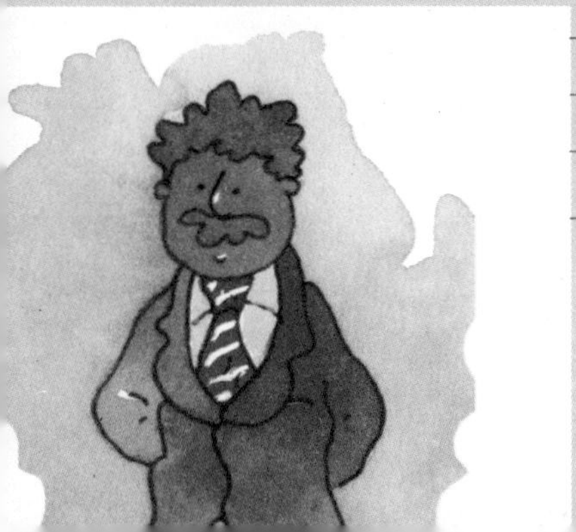

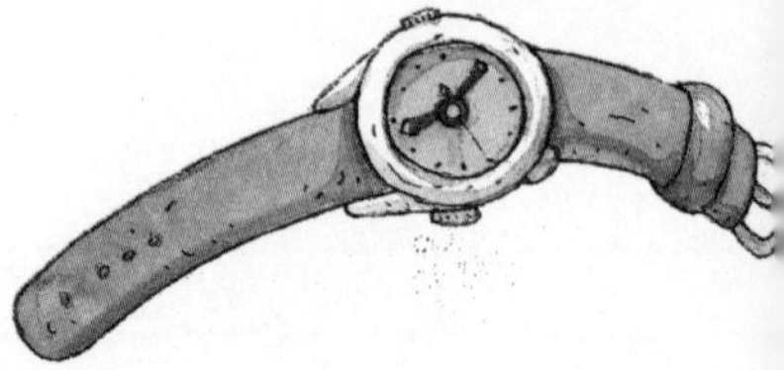

هذه ساعة

هذه ساعة

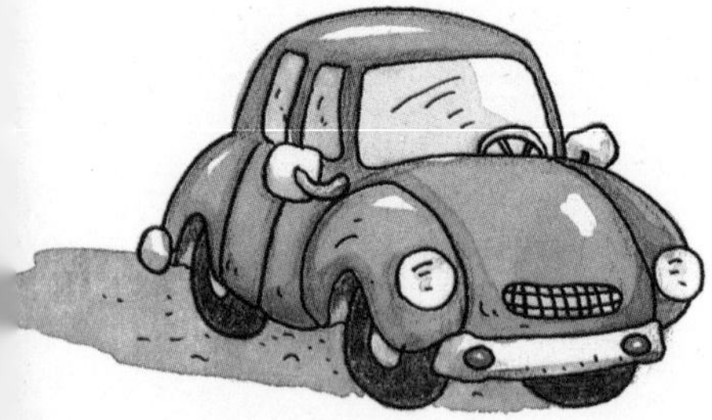

هذه سيارة

هذه سيارة

11

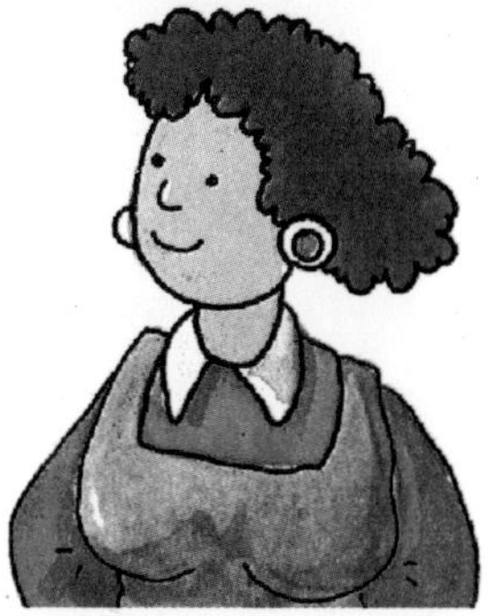

هذه مرأة   هذه مرأة

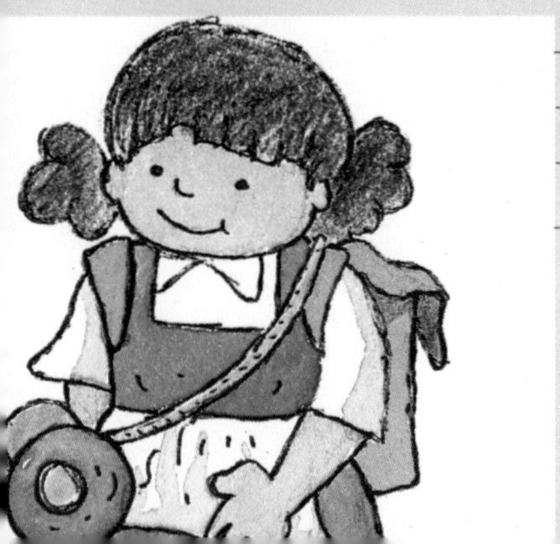

هذه طفلة   هذه طفلة

12

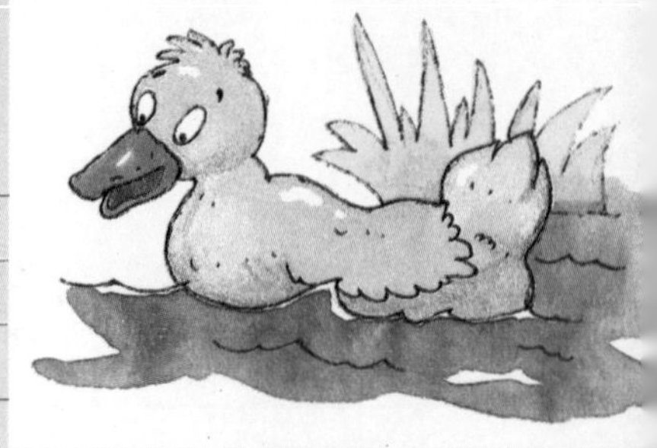

هذه بطة

هذه بطة

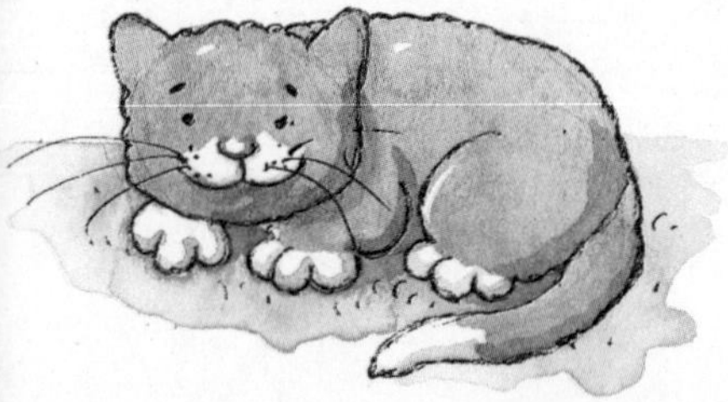

هذه قطة

هذه قطة

13

هذه ثمرة

هذه ثمرة

هذه عجلة

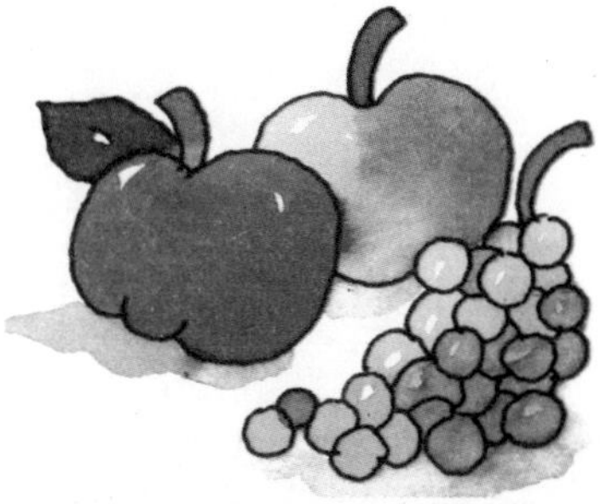

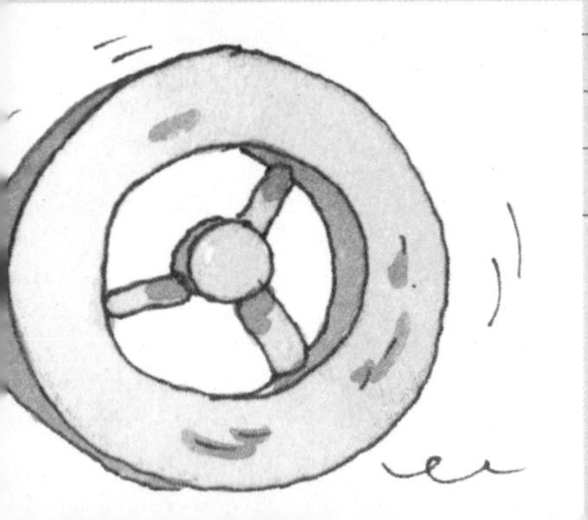

هذه عجلة

ذلك ابل

ذلك ابل

ذلك حصان

ذلك حصان

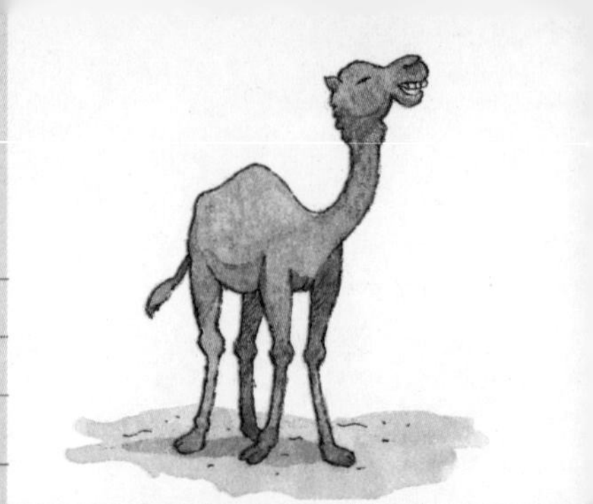

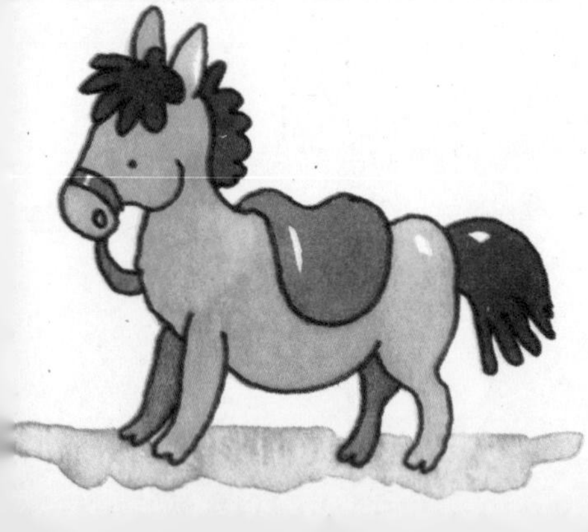

ذلك حمار

ذلك حمار

ذلك قرد

ذلك قر

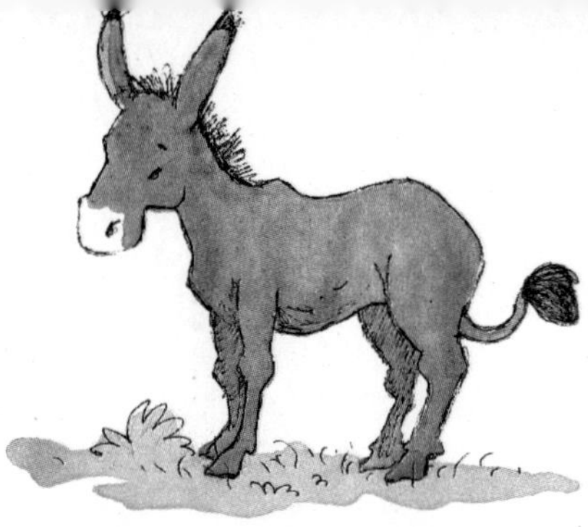

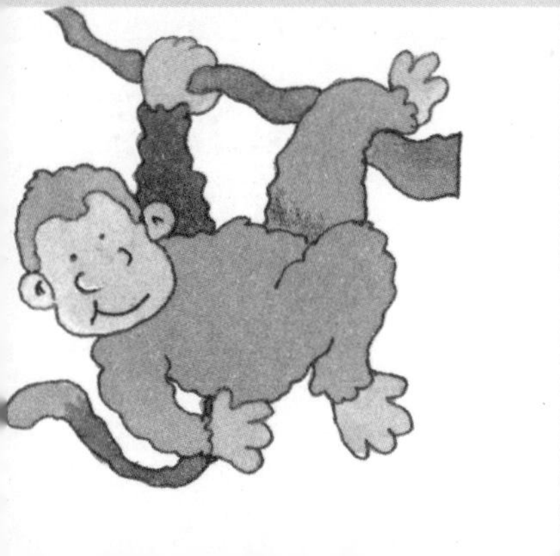

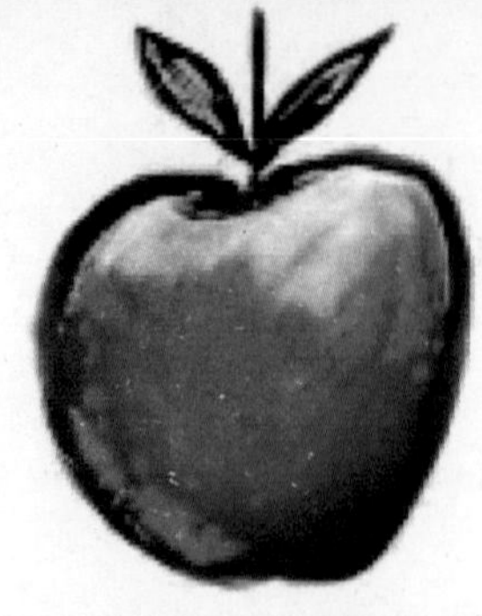

ذلك تفاح

ذلك تفاح

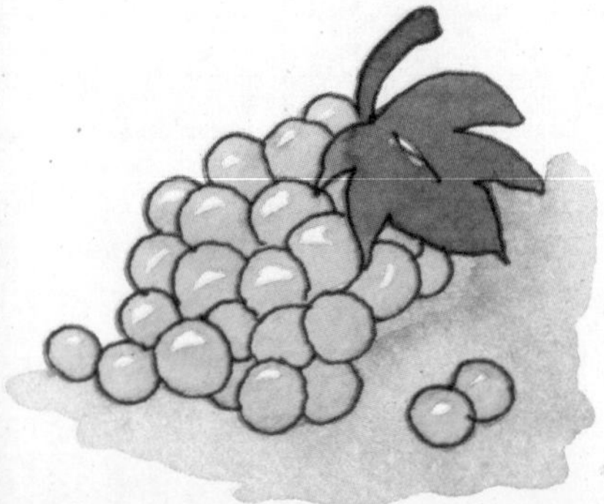

ذلك عنب

ذلك عنب

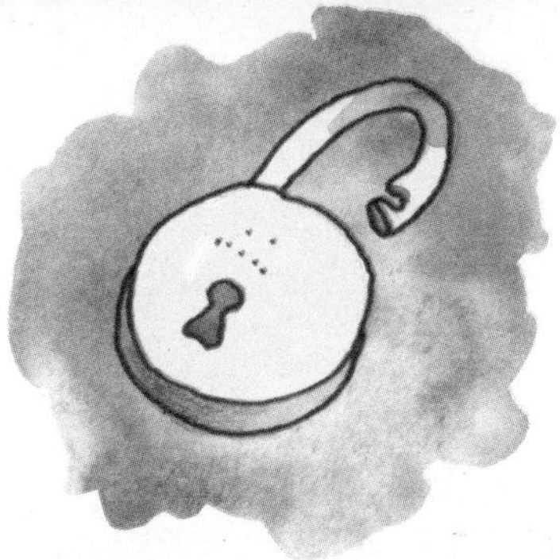

ذلك قفل   ذلك قفل

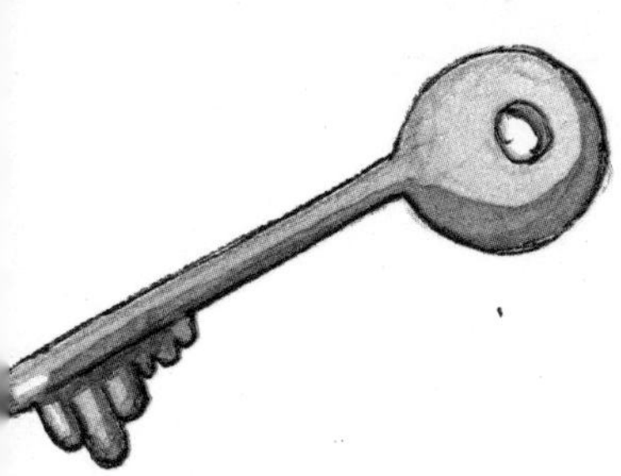

ذلك مفتاح   ذلك مفتاح

18

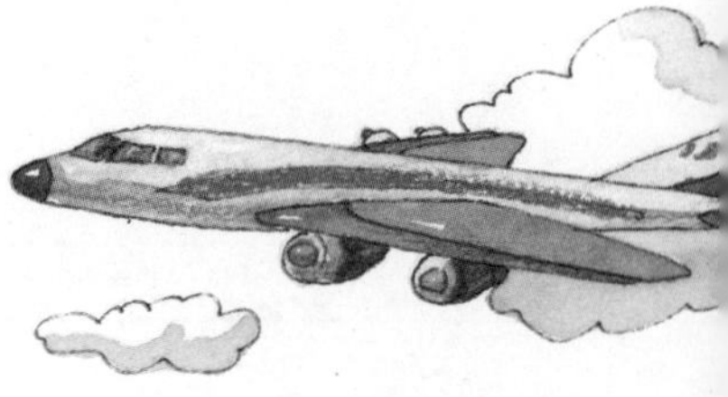

تلك طائرة

تلك طائرة

تلك طاولة

تلك طاولة

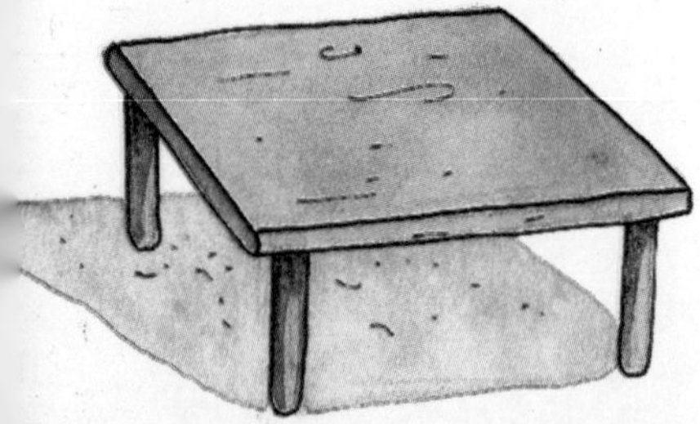

تلك بقرة

تلك بقرة

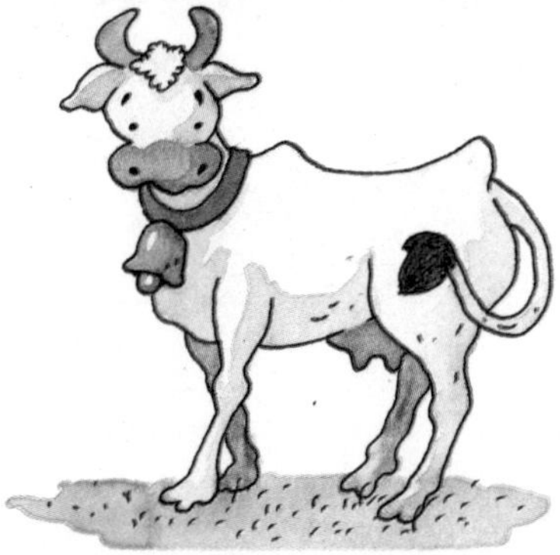

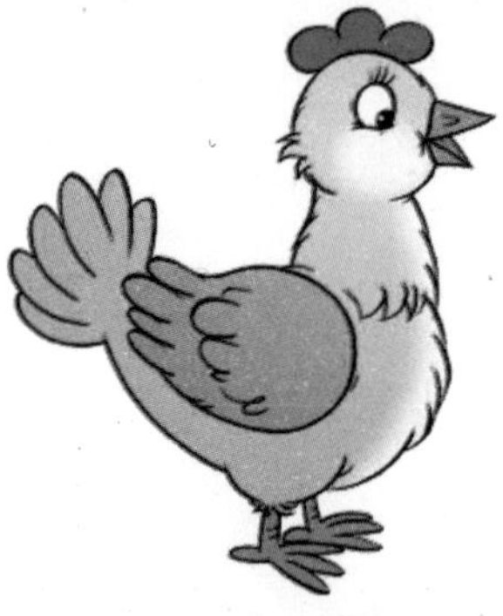

تلك دجاجة

تلك دجاجة

تلك حقيبة

تلك حقيبة

تلك كرة

تلك كرة

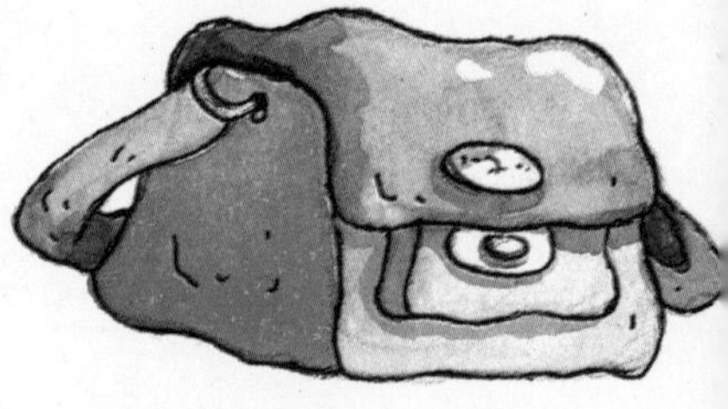

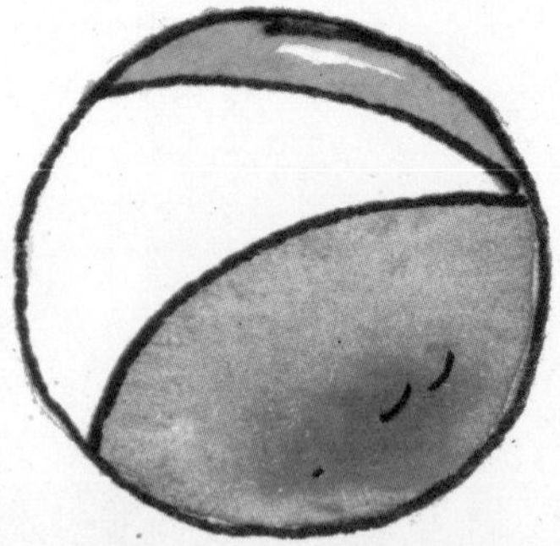

تلك زهرة

تلك زهرة

تلك مروحة

تلك مروحة

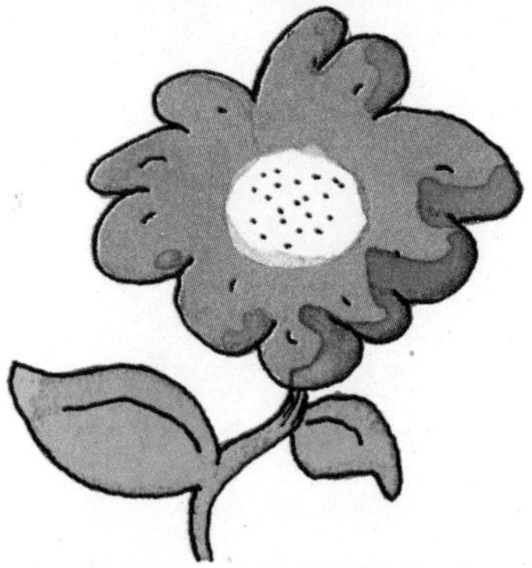

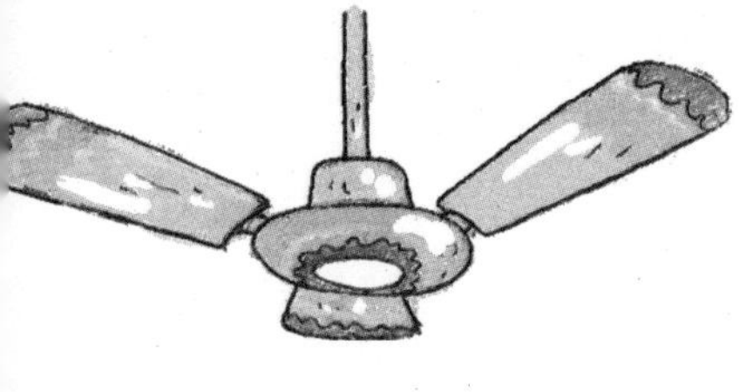

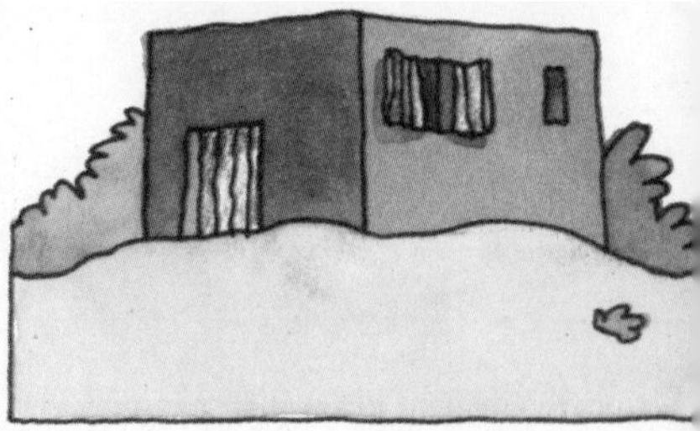

البيت صغير

البيت صغير

المسجد كبير

المسجد كبير

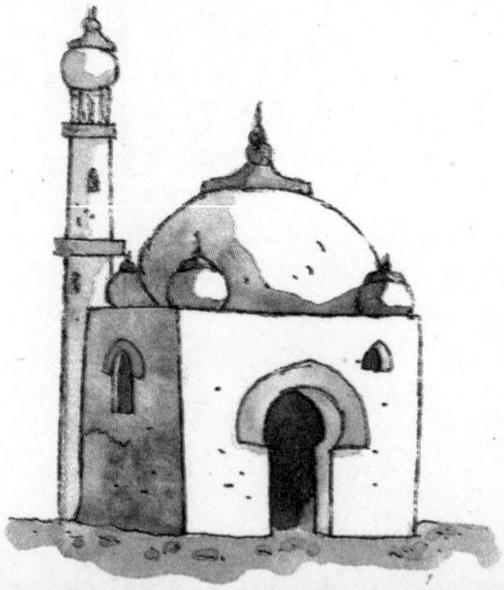

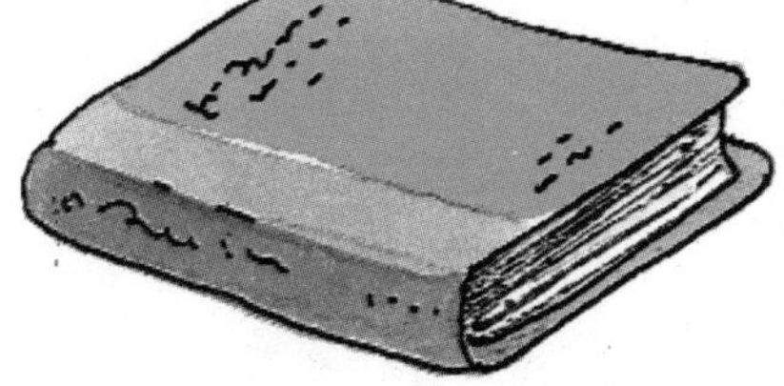

الكتاب جديد

الكتاب جديد

القلم قديم

القلم قديم

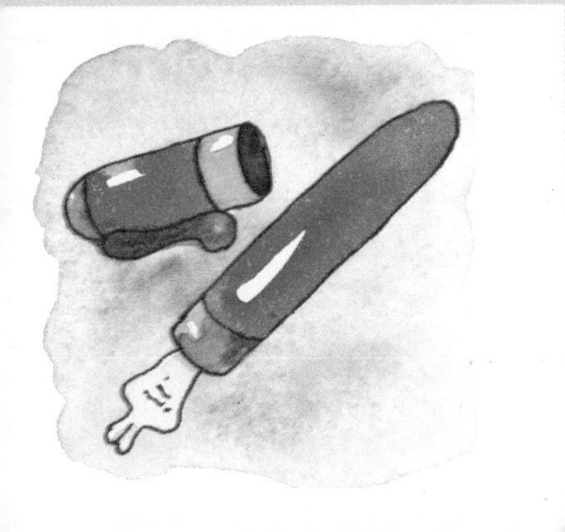

الكرسي مكسور

الكرسي مكسور

الساعة جميلة

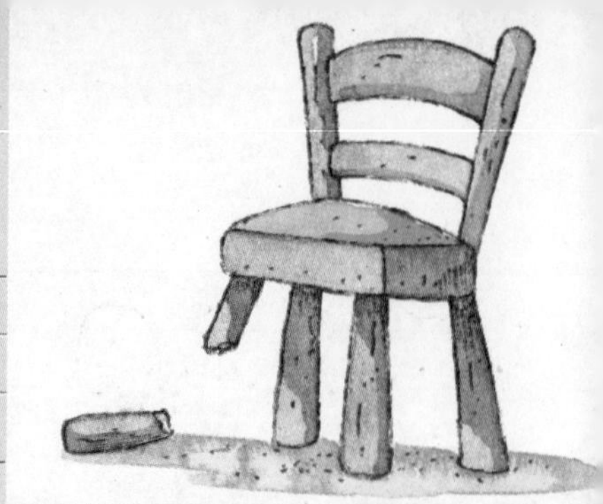

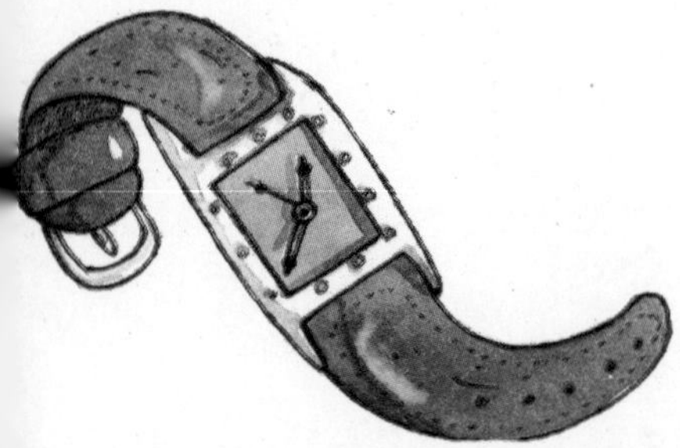

الساعة جميلة

السمك صغير

السمك صغير

الابل قوي

الابل قوي

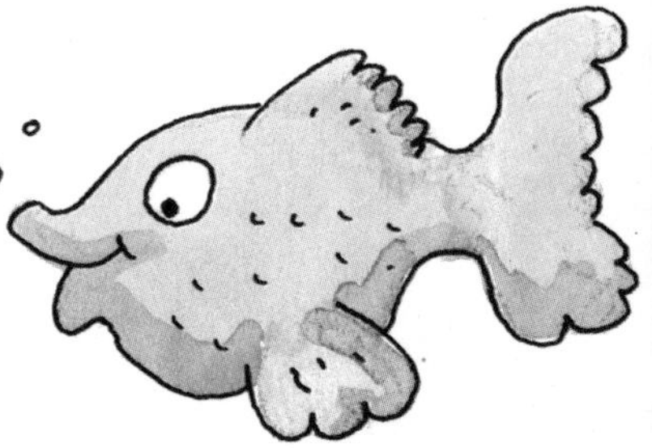

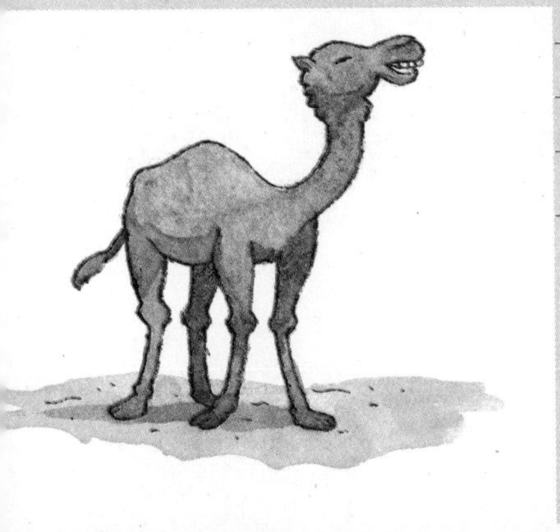

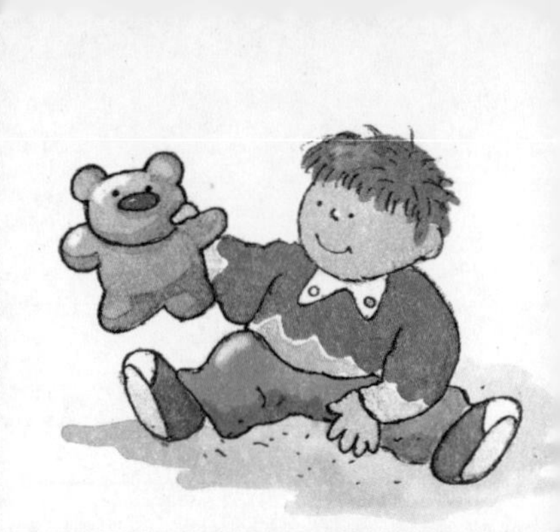

الطفل مسرور

الطفل مسرور

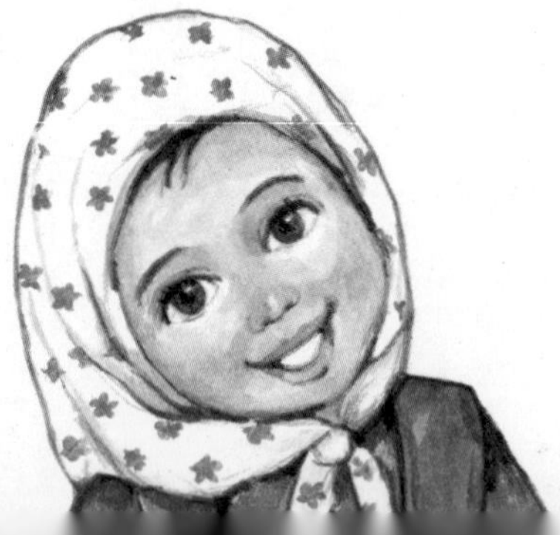

الطفلة مسرورة

الطفلة مسرورة

27

الديك كبير الديك كبير

الشجر طويل الشجر طويل

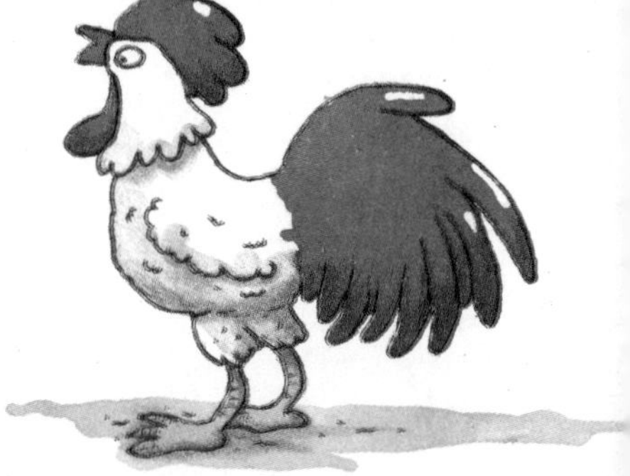

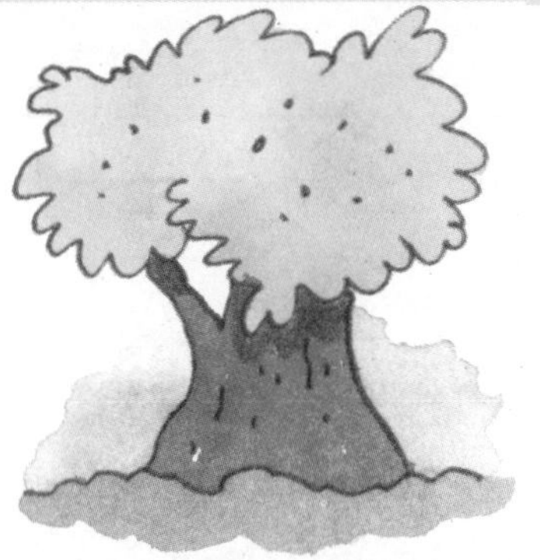

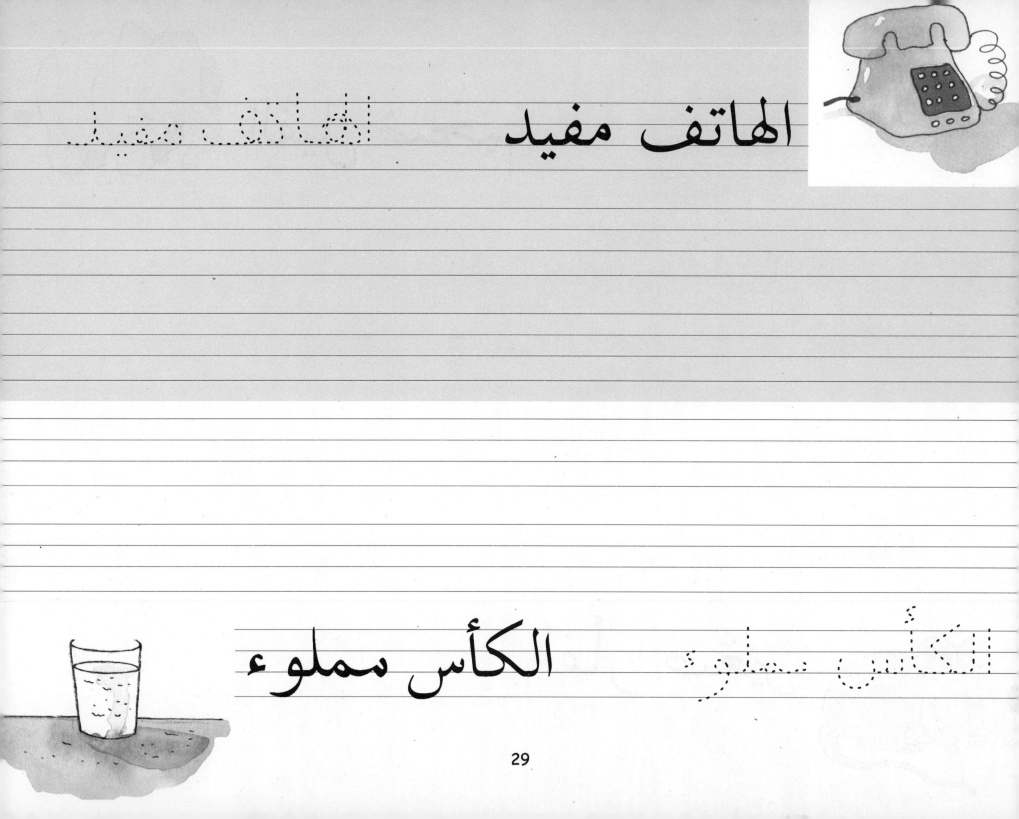

الهاتف مفيد

الهاتف مفيد

الكأس مملوء

الكأس مملوء

29

الفيل ضخم

الفيل ضخم

الفأر صغير

الفأر صغير

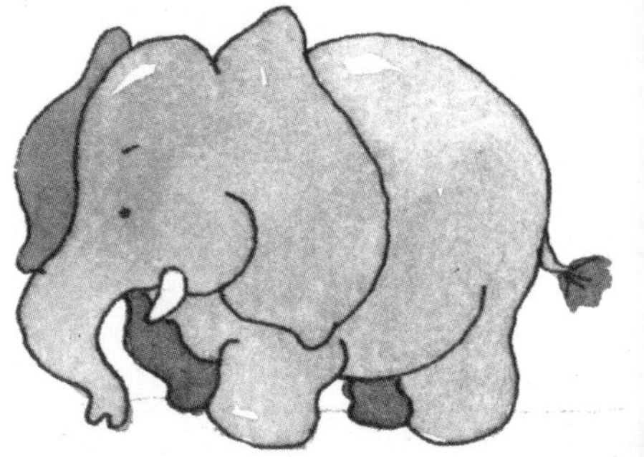

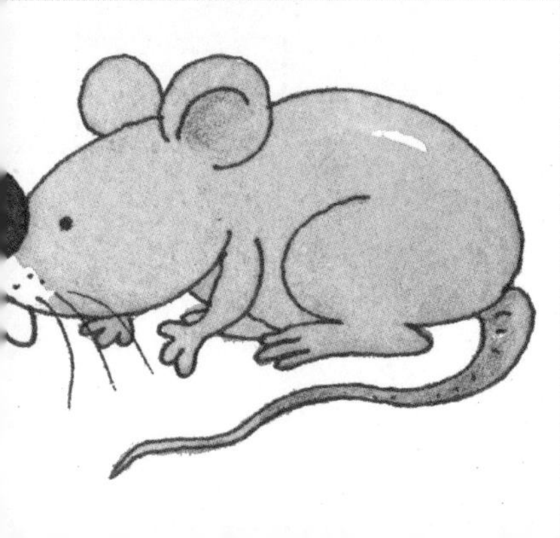

النجم جميل

النجم جميل

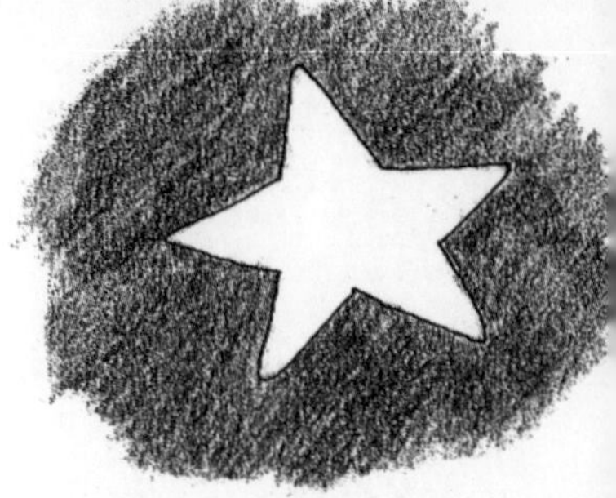

الثوب نظيف

الثوب نظيف

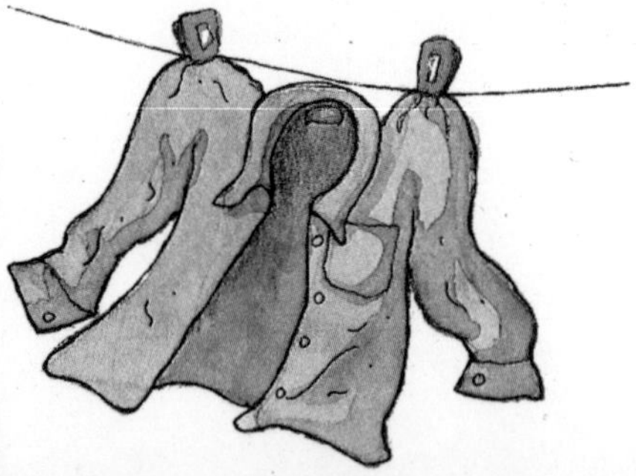

الباب مفتوح

الباب مفتوح

الشباك مغلق

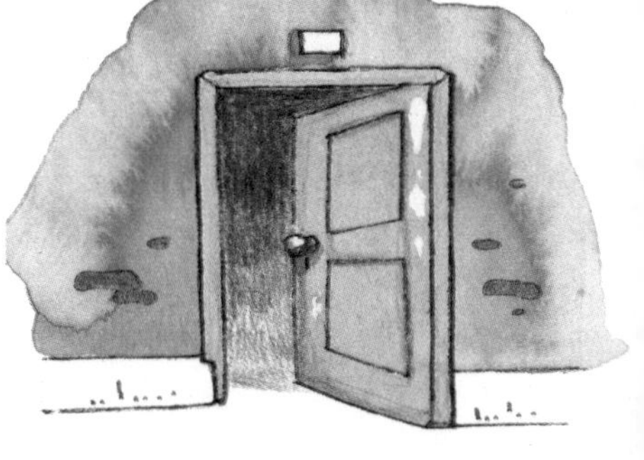

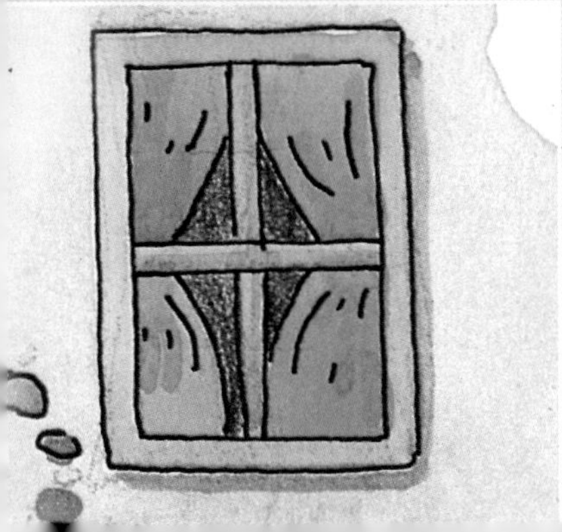

الشباك مغلق

الطبيب ماهر الطبيب ماهر

الشرطي نشيط الشرطي نشيط

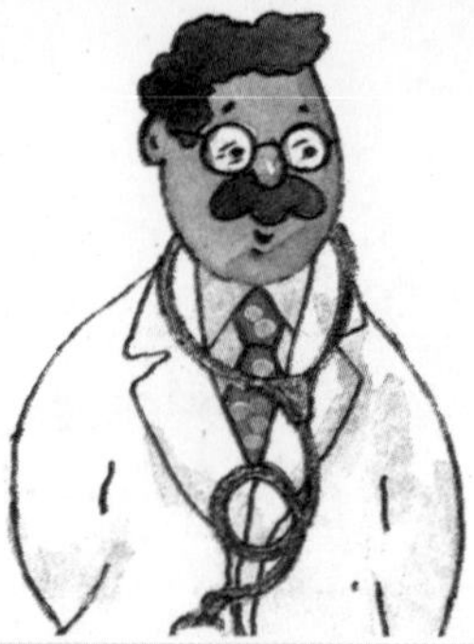

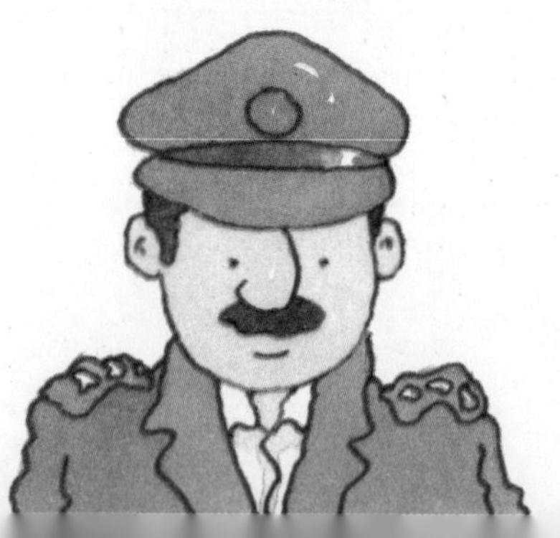

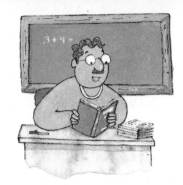

المدرس جالس المدرس جالس

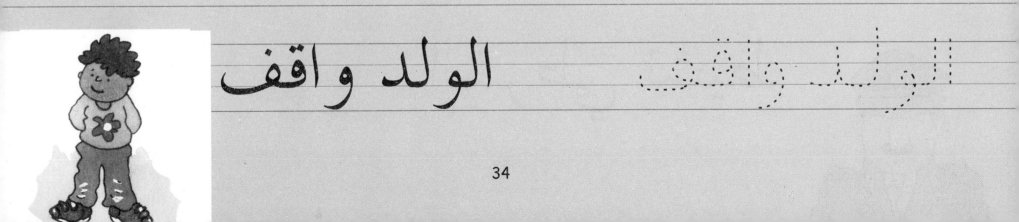

الولد واقف الولد واقف

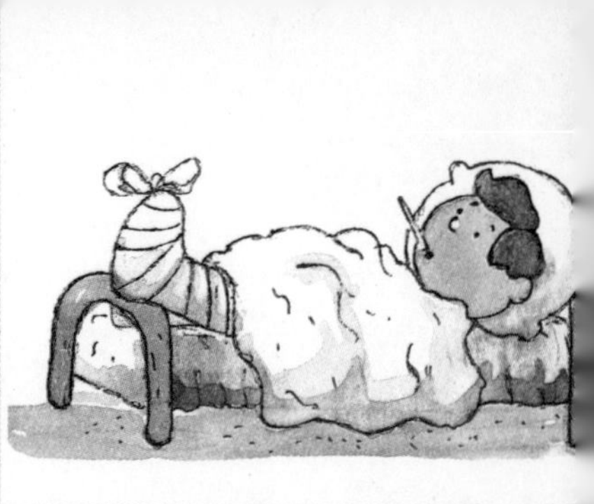

الرجل مريض

الرجل مريض

الامام واقف

الامام واقف

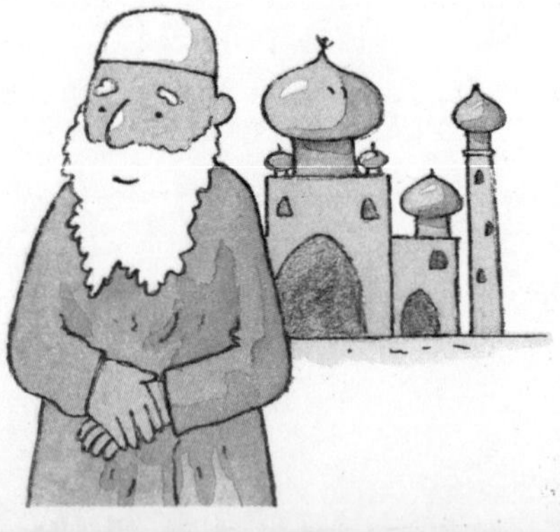

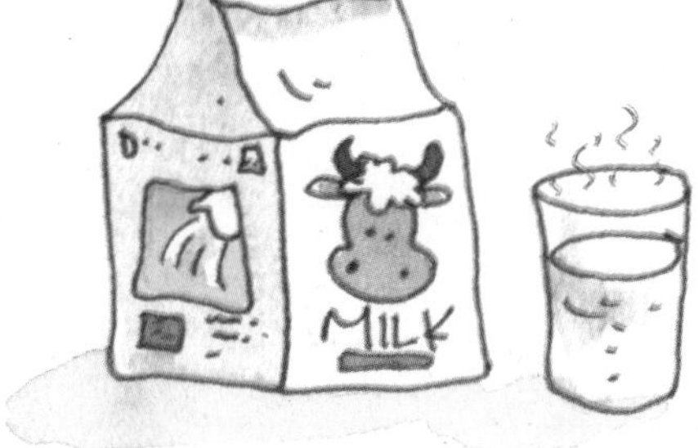

اللبن حار

اللبن حار

الماء بارد

الماء بارد

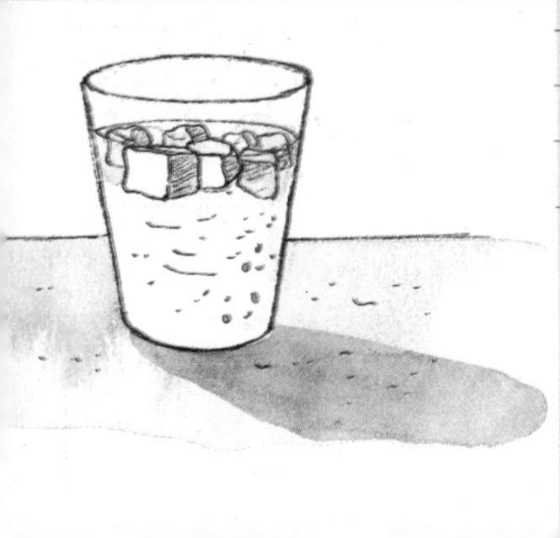

السرير جديد

السرير جديد

الكوب كبير

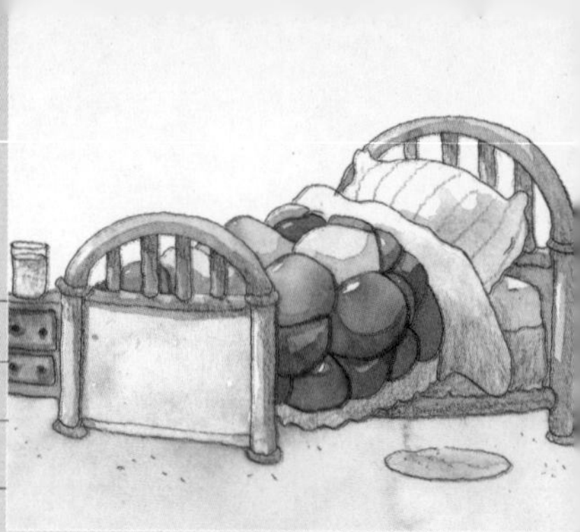

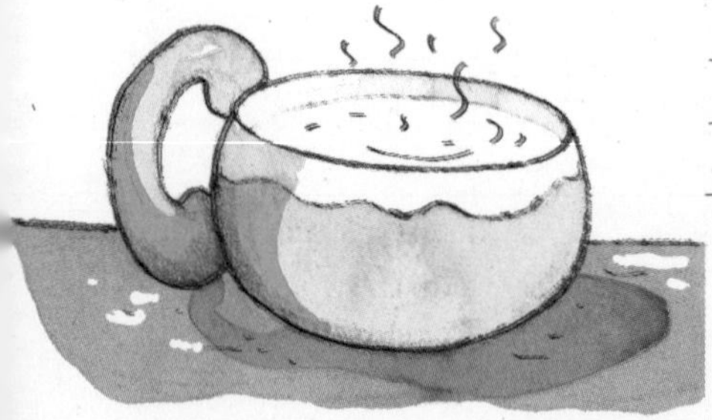

الكوب كبير

السيارة غالية   السيارة غالية

الدراجة رخيصة   الدراجة رخيصة

38

المدرسة جميلة

المدرسة جميلة

التاجر شهير

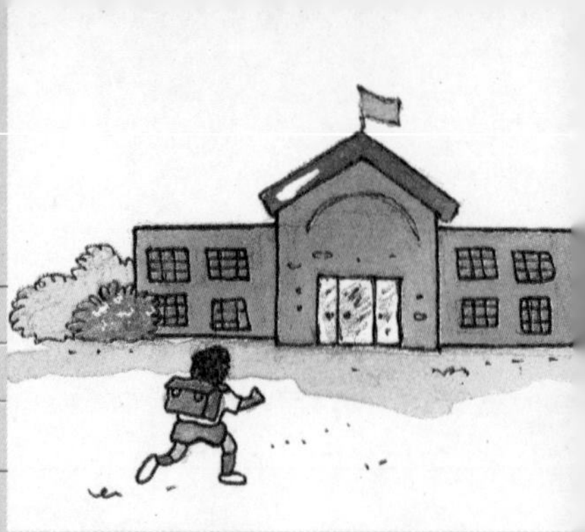

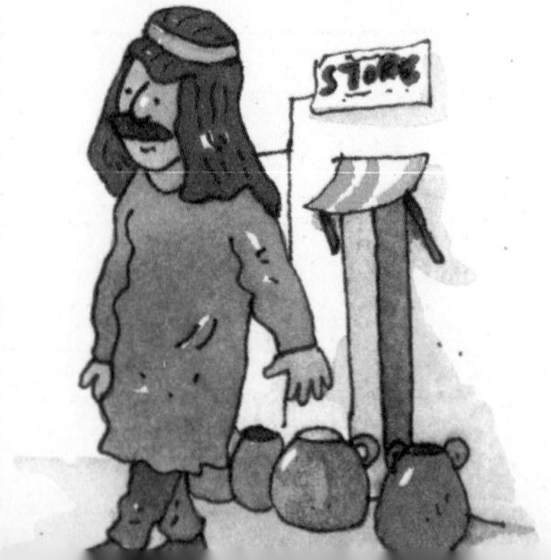

التاجر شهير

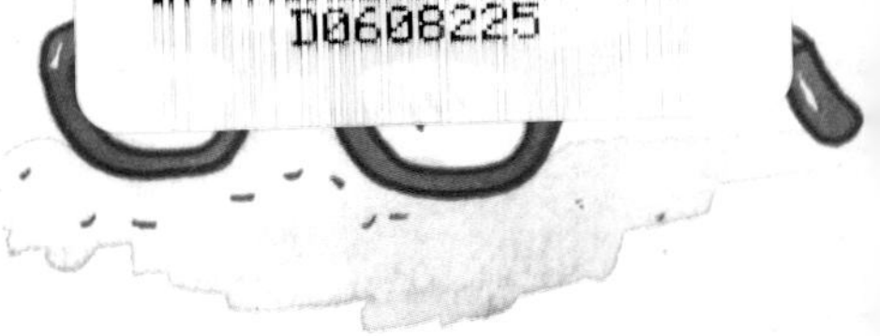

النظارة جديدة

النظارة جديدة

الحجر ثقيل

الحجر ثقيل

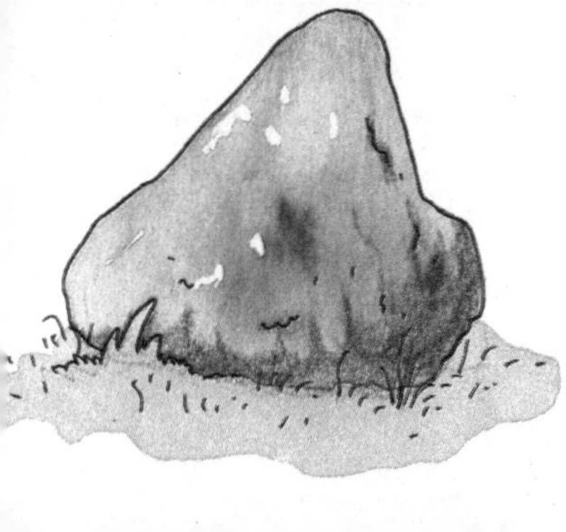